En la elaboración de este manual participaron:

Texto

Shanti Lesur

Consultoría y asesoría

Irma Bretón

Diseño Gráfico

Carlos Marín
Alejandro Rodríguez

Fotografía

Carlos Marín
Araceli Abdel
Graciela Hernández Ávila

Producción

Araceli Abdel

Colaboración

AD-HOC, telas finas. Manuel Suárez Esq. Angélica, loc. 3, Colonia Miraval, Cuernavaca, Morelos.

Antonio Berlanga, *Dorset, Servicios Fotográficos, Mercurio Esq. Saturno, Colonia Jardines de Cuernavaca, Cuernavaca, Morelos.*

Arturo Cuevas, *La cocina suiza. Hules 35 Colonia Vistahermosa, Cuernavaca, Morelos.*

Bernal del Río, Servicios y organización de eventos sociales. Francisco Leyva 14-A Colonia Santa María, Cuernavaca, Morelos.

Germar Exclusivas, S.A. de C.V. Telas finas de importación. Cuauhtémoc 513, Plaza Vendome, Cuernavaca, Morelos.

Colibrí, Arreglos con flores deshidratadas. Av. Cuauhtémoc 154, Colonia Chapultepec, Cuernavaca, Morelos.

Heriberto Rodríguez, *Filipinni y Asociados, invitaciones. Nogal 65, Colonia Santa Mónica, Tlalnepantla, Edo. de México.*

Claudia Hermosillo, *Estética Clo. San Diego 136, colonia Vistahermosa, Cuernavaca, Morelos.*

BIO-ART, Díaz Ordaz Esq. con Alta Tensión, Colonia Acapatzingo, Cuernavaca, Morelos.

Rosario Candela, *Sueños Secretos, lencería. Plaza Cuernavaca, Cuernavaca, Morelos.*

El Palacio de la Música. Matamoros 66, Cuernavaca, Morelos.

Lineart, Diseño gráfico. 5 de Febrero 116, Cuernavaca, Morelos.

Santangel joyas, Plaza Cuernavaca loc. 9-1, Cuernavaca, Morelos.

Hostería las Quintas, Av. Díaz Ordaz 107, Cuernavaca, Morelos.

INTRODUCCIÓN

La boda es un rito con el que se solemniza el casamiento de una pareja. Practicado en la mayoría de las religiones y culturas del mundo, puede ir desde un festejo de varios días con cientos de invitados y participantes, hasta la sencillez de un matrimonio civil en un juzgado.

Cualquiera que sea su tamaño, una boda siempre es una fiesta en la que los cónyuges se hacen votos o promesas recíprocas y dan a conocer a la sociedad que, a partir de entonces, forman un matrimonio de esposos casados, con muy diversas y profundas implicaciones económicas, sociales y sexuales para la pareja.

Boda, matrimonio y casamiento son tres palabras con las que se designa este festejo. Boda quiere decir voto, promesa, fiesta, gozo y alegría. Matrimonio sugiere que, cuando se efectúa, una mujer puede volverse madre y su maternidad resulta legal. Casamiento viene de casa e implica establecer una nueva familia en una casa diferente. Finalmente, esposo es el que promete y garantiza sus promesas.

Por eso, de todas las celebraciones y festejos familiares, la boda es la que tiene más relieve y el rito más complicado en el que participan los novios y las dos familias juntas, con sus amistades, para hacerla más solemne y a la vez alegre.

Preparar una boda puede ser una actividad placentera, interesante y divertida si se planea bien, con tiempo, sabiendo con anticipación todo lo que hay que hacer y con cuánto se cuenta, o puede ser una experiencia desgastante llena de dolores de cabeza, si se acomete desordenadamente y a última hora.

Este capítulo está dedicado a describir el rito de una boda en nuestro país, principalmente dentro de una familia católica, para que los novios y sus familias disfruten plenamente su preparación. Las bodas de otras religiones cristianas son bastante similares a la católica, en tanto que la ceremonia de la boda judía, de la que derivan todas las cristianas, tiene algunas diferencias, pero de ellas no se trata en el manual.

La planeación cuidadosa de una boda le permitirá establecer un equilibrio entre todo lo que quiere hacer para su boda y la cantidad de dinero de que dispone.

Es más, una planeación correcta hará que su boda cueste menos que si no la planea.

Como cualquier fiesta, una boda cuesta. Cuesta más porque es una fiesta muy especial, con muchos ritos, convenciones y formas que guardar. Sin embargo, todo el rito completo de principio a fin puede costarle mucho dinero, casi una fortuna, pero también puede usted cumplir el mismo rito de manera muy económica, ajustada a los recursos de que cada pareja y sus familias disponen.

EL COMPROMISO

Tradicionalmente, el compromiso de matrimonio se establece cuando el novio pregunta a la novia si desea casarse con él y ella responde que sí.

El compromiso matrimonial se formaliza en el momento en que lo saben las dos familias. Primero, la novia lo avisa a sus padres, luego el novio a los suyos. Si los padres de la novia ya conocen al novio, el anuncio lo pueden hacer juntos. Pero si aún no lo conocen, es conveniente que ella lo presente antes de la petición de mano.

Petición de mano

La petición de mano o petición en matrimonio es la manera de formalizar el compromiso. Consiste en que los padres de la novia invitan a cenar a su casa al novio y sus padres. En esta reunión, en la que pueden estar presentes los familiares más allegados a la novia, el novio y sus padres hacen la petición formal de la mano de la novia. Después, el padre de la novia hace un brindis por la pareja.

Anillo

Si no se ha hecho antes, durante esta reunión el novio obsequia a la novia el anillo de compromiso que ella llevará a partir de entonces en el dedo anular de la mano izquierda, como una costumbre que viene de la antigua Italia, donde simbolizaba el pago que el novio hacía por la novia.

El anillo de compromiso es una sortija engarzada con una sola piedra, usualmente un diamante, aunque algunos novios deciden prescindir de un gasto tan costoso y lo sustituyen por un anillo más económico, con un topacio o una aguamarina.

Anuncio de la boda

Además del obsequio del anillo durante la petición de mano, también se acostumbra un intercambio de pequeños regalos entre el novio y la novia.

Después de haber tomado la trascendente decisión de comprometerse en matrimonio, es natural que los novios quieran contarlo a todo el mundo. Sin embargo, es más conveniente decirlo primero a las personas que les son más importantes a nivel sentimental, como los parientes y amigos más cercanos a ambos. Después, a las amistades y a los colaboradores de trabajo.

Si el novio o la novia tiene hijos de un matrimonio anterior, se les debe informar de la boda de inmediato, pues no es conveniente que se enteren por otra persona. Un nuevo matrimonio puede ser una experiencia difícil para los niños, que necesitan un gran apoyo para disipar el miedo, a lo que puede contribuir el involucrarlos en la organización de la boda.

Ruptura del compromiso

En caso de que el compromiso se rompa, la novia debe devolver el anillo al novio y ambos regresar los regalos que hayan recibido, así como avisar a los parientes y amigos. Si ya se hubieran entregado algunas participaciones ,será necesario mandar una nota escrita informando de la cancelación del compromiso. Lo mismo sucede en caso de la muerte de alguno de los prometidos.

Fecha

Generalmente es en la reunión para la petición de mano cuando se define la fecha tentativa para la boda. Debe ser un día en que puedan asistir los seres más queridos.

Si no hay un motivo por el cual desee casarse rápida-mente, lo mejor es hacerlo con tiempo. Lo ideal es un año de anticipación, pero seis meses pueden ser suficientes.

También puede prepararse una boda en cuatro meses, pero siempre se andará con prisa y se corre el riesgo de no disponer de tiempo para hacer tantas cosas o se pueden olvidar algunos detalles.

Es de esperar que todo funcione a la perfección, que el vestido quede en la primera prueba y todo lo demás esté a tiempo. Pero nunca faltan imprevistos, como que la florista resultó informal o que los zapatos aprietan, de modo que es mejor tener siempre un poco de holgura para tener tiempo de corregir lo que ande mal.

Antes de decidir la fecha es importante que tome en cuenta el clima. La temporada de lluvias es un momento terrible para hacer una boda. Cuando el tiempo es muy caluroso conviene hacerla de noche, y cuando es muy frío, de día.

La fecha definitiva de la boda se define una vez que se haya puesto de acuerdo con las personas más allegadas para que puedan asistir, y cuando conozca las fechas libres del juez, la iglesia y el salón de fiestas.

PLANEACIÓN DE LA BODA

E n los preparativos de la boda, quienes más participan son los novios y los padres de la novia, que tradicionalmente pagan la mayor parte de los gastos del festejo.

En los preparativos de la boda tome en cuenta las opiniones, experiencias, consejos e ideas de la familia y de otras personas. Le servirá para tener una idea más amplia de todo lo que necesita. Pero si algún pariente quiere tomar decisiones, conserve la calma, escúchelo y recuerde que la última palabra es de los novios.

Carpeta de trabajo

Para planear bien la boda se requiere mucha organización. Le recomendamos una carpeta grande de tres argollas con hojas rayadas, 12 separadores de plástico y 12 bolsas de plástico para carpeta.

Escoja una carpeta que realmente le guste, pues será su compañera durante meses y una herramienta excelente para mantenerse organizado y en calma.

En los separadores de plástico anote los siguientes títulos:

Presupuesto

Lista de invitados y regalos

Ceremonia civil

Ceremonia religiosa

Recepción, comida y bebida

Atuendo

Flores

Música

Fotografía y video

Luna de miel

Calendario

Varios

En las bolsas de plástico guarde todo tipo de catálogos, muestras, hojas de revistas, etcétera, ordenándolos en la sección correspondiente.

Presupuesto

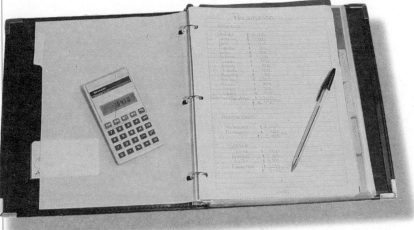

En la sección de presupuesto, la primera de su carpeta de trabajo, debe ir el costo de cada uno de los servicios que haya elegido, ya sea tentativa o definitivamente, para poder ir sumándolos y cotejándolos con el dinero de que dispone, a fin de mantener un equilibrio entre ambas cantidades.

Lista de invitados

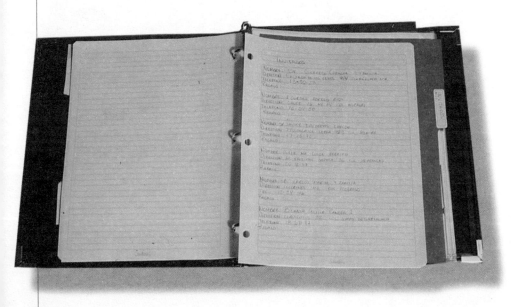

La sección con la lista de invitados y regalos sirve para el control de las participaciones e invitaciones, las confirmaciones de su asistencia, el registro de regalos que ha recibido de ellos y la verificación del envío de una pequeña tarjeta de agradecimiento. Aquí se anotan las cotizaciones y precios del papel, la impresión, la rotulación y la mensajería, y en la bolsa se guardan las muestras.

Ceremonia civil

La sección de la ceremonia civil sirve para el control de los trámites y documentos que hay que tener listos para el matrimonio civil, los costos del certificado de salud y los gastos del juzgado.

Ceremonia religiosa

La sección sobre la ceremonia religiosa permite anotar los datos de las iglesias posibles, sus costos, teléfonos y direcciones, así como datos de los oficiantes y otras personas que participan en la ceremonia, tales como las madrinas, los padrinos, las damas, los pajes, las niñas, etcétera. Incluya también aquí los datos del transporte a la iglesia y los costos del lazo, las argollas y las arras.

Recepción, alimentos y bebidas

En la sección sobre la recepción se pueden registrar los diferentes menús que ofrece cada servicio de banquetes, con sus precios exactos por persona y por platillo, así como el precio de los salones, las distintas alternativas de pastel, los costos de las bebidas y el servicio, el valet parking, la renta del equipo de mantelería, vajillas, mesas, sillas y cristalería. Si la recepción y los alimentos se van a

hacer en casa, será posible estimar el costo de los ingredientes. En las bolsas se guardan los catálogos, presupuestos, fotografías y recortes de revistas con ideas sobre la recepción y los pasteles.

Atuendo

La sección del atuendo será una de las más usadas, pues hay muchas cosas que anotar y recordar. Haga una lista detallada de todo lo que incluye la vestimenta de cada uno de los integrantes del cortejo nupcial. Anote los teléfonos y direcciones del sastre, la modista o costurera, y de las tiendas para adquirir las cosas. Registre aquí las calidades y costos del vestido, el velo, la liga, el tocado, los zapatos, la lencería, la joyería, los ramos para el altar y para arrojar en la recepción, el peinado y el maquillaje. También anote aquí los costos de la compra o renta del traje del novio, la corbata de moño, la camisa, el chaleco, la faja, las mancuernillas, la botonadura, la peluquería, zapatos, calcetines y ropa interior. En la bolsa podrá guardar muestras de telas y listones, recortes de revistas con vestidos, tarjetas de renta de ropa de etiqueta, catálogos, etc. Es importantísimo tener toda esa información en un solo lugar.

Flores

Las bodas son celebraciones con flores. Con ellas se adorna el lugar donde se celebra el matrimonio civil, la iglesia, el lugar de la recepción y el transporte de los novios, en tanto que la novia lleva un ramo o dos y algunas veces un tocado de flores, al igual que las niñas del cortejo. Aquí, en la sección de flores se anotan los datos, propuestas y precios de cada florista con que entre en contacto y en la bolsa se guardarán catálogos, tarjetas, muestras de papeles y cualquier otro material o servicio para la decoración de su boda.

Música

En la sección de música se recopilan los nombres, direcciones y teléfonos de los músicos o de los expertos en grabaciones, tanto para la iglesia como para las recepciones. Aquí también se anota el nombre de las selecciones musicales que desee que toquen.

Fotografía y video

La sección de fotografía le permitirá comparar los costos y calidades de distintos fotógrafos, tanto para la fotografía oficial de la boda, como para el registro fotográfico y de video de la ceremonia y la recepción.

Luna de miel

Esta sección le ayudará a seleccionar la mejor opción para su luna de miel. Guarde aquí folletos sobre los lugares y paquetes que le interesarían y anote los costos, teléfonos y direcciones de las agencias de viajes que consulte y los costos de transportación, hospedaje y gastos en general.

Calendario

Esta sección es la más importante para coordinar las diversas actividades en la preparación de la boda. Le ayudará a estar a tiempo en todo. Se llena con listas de las cosas específicas que hay que hacer en los meses, semanas y días anteriores a la boda. Al principio use una hoja para la lista de cada mes. Pero en las últimas tres semanas use una hoja para cada día. Las listas se tienen que estar revisando y renovando constantemente.

Varios

Aquí puede usted incluir algunos otros gastos no contemplados en las secciones anteriores, como los gastos de la cena para la petición de mano, las distintas posibilidades de recuerdo de bodas para los invitados y anotar pequeños detalles no contemplados antes.

Reflexión

Tome la planeación de su boda con calma y disfrútela. Tome tiempo para pensar y soñar hasta el día de su boda. Primero visualice su boda tal como la ha soñado, sin poner límites de dinero. Piense en las bodas a las que ha asistido, en lo que le ha impresionado de ellas. Anote todo ello para recordarlo y tratar de incluirlo en la suya. Medite en cómo quiere que se sientan sus invitados y qué música le gustaría. Imagínese las flores y el vestido. ¿Prefiere un diseño imperial, algo sencillo e inocente o algo moderno, más atrevido? Ojee las revistas de novias, piense en los colores que le gustan para la decoración. Reflexione sobre a quién desea invitar, a quién quiere como madrina o como dama de honor. Sueñe, fantasee.

Presupuesto

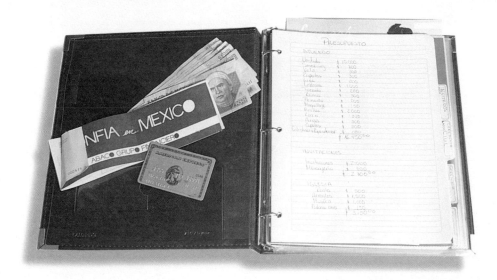

Un buen presupuesto le ahorrará dinero, tiempo y energía.

Primero debe saber con cuánto dinero se cuenta. Tradicionalmente son los padres de la novia los que pagan la boda, pero actualmente la familia del novio y el novio mismo ayudan también.

En caso de que compartan los gastos, a la novia y a sus padres les corresponde pagar las participaciones, las flores, las fotografías y el video, el transporte para los novios, todos los gastos de la ceremonia religiosa, la música y todo lo referente a la recepción.

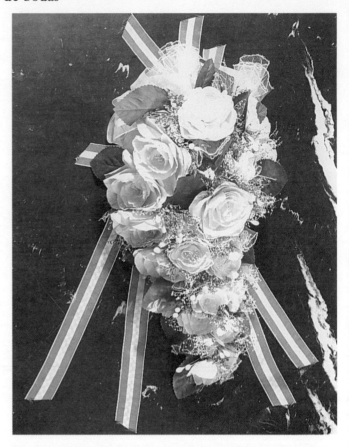

Al novio y a sus padres les corresponde todo el ajuar, las flores para la novia, los anillos, la boda civil, el viaje de la luna de miel y la ropa de la novia para su nuevo hogar.
Sin embargo, todo depende de la capacidad económica de unos y otros padres y de su voluntad para contribuir a la boda de sus hijos. Otras veces son los mismos novios los que afrontan los gastos ayudándose mutuamente.

Las despedidas de soltero generalmente las pagan los mismos amigos que las organizan.

Una vez que se sabe con cuánto dinero se cuenta, es momento de comenzar a pedir información sobre los costos de todo lo que necesita para su boda.

Primero decida el estilo de boda que quiere tener, que puede ser una boda muy formal, una boda formal, una boda semiformal o una boda informal.

Boda muy formal

La boda muy formal es un evento muy costoso y elegante al que normalmente se invita a más de trescientas personas, con una recepción en un gran salón, un gran jardín o una ex hacienda. La novia generalmente lleva un vestido de cola con un velo completo, en tanto que el novio usa smoking, frac o jaqué. El cortejo lo forman la madrina, seis damas de honor, dos niñas con flores y dos niños sosteniendo la cola, todos muy bien vestidos. Los invitados van vestidos de largo y etiqueta.

Las invitaciones, invariablemente grabadas, deben decir *Etiqueta rigurosa* e ir acompañadas por pequeñas tarjetas invitando a la recepción. En bodas muy elegantes se incluye una nota que describe el repertorio musical de la ceremonia y quién lo interpreta. En las mesas de la recepción, frente a cada cubierto, discretamente, se incluye una tarjeta con el menú, que incluye platillos muy sofisticados.

Boda formal

A una boda formal se invita a más de cien personas. La novia y las madrinas llevan el atuendo clásico en tanto que el novio viste smoking o traje negro. Los invitados suelen llevar ropa elegante pero no necesariamente de largo. La recepción se hace en un salón, un jardín o en una casa grande con un banquete tradicional o de buffet, pues pocas casas particulares tienen el tamaño suficiente para acomodar tantas gentes a la mesa. Las invitaciones se graban o se imprimen en papel blanco sin que digan "Etiqueta rigurosa" y deben incluir las tarjetas para la recepción.

Boda semiformal

A las bodas semiformales se invitan de 50 a 100 personas, que deberán vestir elegantemente pero no de largo. La novia suele llevar un traje clásico sencillo y el novio un traje negro. La recepción puede llevarse a cabo en un salón de fiestas o bien en casa de los padres o de algún pariente.

Boda informal o íntima

Para este estilo de bodas se invita solamente a los parientes y amigos más cercanos. La novia se viste como lo desee, en tanto que las madrinas llevan un atuendo elegante, pero no necesariamente largo.

La recepción consiste en una comida, una cena o simplemente un brindis con algunos bocadillos, en la casa de los padres o de algún pariente.

Ya que se decidió por el tipo de boda que quiere, comience a pedir precios de cada cosa para que al final tenga una idea clara. Esto puede empezar a poner nervioso a cualquiera, sobre todo si pertenece usted a una familia promedio. Puede pensar que ni con todos sus ahorros y grandes préstamos podrá tener la boda que soñó. Sin embargo, no se desanime, todo al final tiene una solución acorde a sus recursos.

Todo está en hacer una buena planeación, encontrar las alternativas posibles para usted, que siempre las hay, y hacer un buen presupuesto. Claro que la cosa es más fácil si usted no tiene limitaciones de dinero. Pero si las tiene, este capítulo del presupuesto es fundamental.

Invitados y regalos

Lista de invitados

Es recomendable no invitar a nadie, fuera de la familia cercana, hasta no tener una lista definitiva.

Cada uno de los novios y sus padres hacen una lista de las personas a las que les gustaría invitar. Dependiendo del número de invitados que el presupuesto permita, se reduce o agranda la lista.

Al hacer la lista se toma en cuenta en primer término a las personas a las que más se estima. Enseguida se agregan las personas a las que se debe invitar aunque no sean cercanas a las familias, como el jefe de la oficina o los compañeros de trabajo. Y finalmente se incluye a las personas que vale la pena invitar, dependiendo del presupuesto y del tamaño de la boda. Recuerde que casi todos los invitados llevan pareja

La lista generalmente se divide en tres partes iguales: una con los invitados de los novios; otra con los invitados de los padres de la novia y la tercera con los invitados de los padres del novio. Antes de iniciar la lista hay que especificar el número límite de invitados.
Cuando cada parte tiene su lista, se juntan con los novios para eliminar posibles repeticiones, hacer los ajustes necesarios y realizar una lista definitiva, que, sin embargo, puede cambiar más adelante, porque aproximadamente a una quinta parte de los invitados les será imposible asistir.

Es importante tener la lista lo antes posible para poder diseñar las invitaciones, imprimirlas, entregarlas y llevar un registro exacto de las confirmaciones.

Para llevar un control de las invitaciones que se han rotulado, entregado y confirmado, es recomendable tener una sola lista en orden alfabético con los teléfonos, direcciones y nombre completo de cada uno de los invitados, así como de sus títulos.

Esa misma lista sirve para anotar los regalos recibidos, con su descripición, y para llevar el control de las tarjetas de agradecimiento que los novios envían después de la boda, informando y a la vez poniendo a la orden su nuevo domicilio.

Participaciones o invitaciones

Las invitaciones a la boda, llamadas participaciones, se imprimen invariablemente en papel blanco o blanco crema. En las imprentas especializadas y en algunas tiendas de departamentos tienen muestrarios de papel y sobres, además de tipos de letra para que usted escoja el que más le agrade según su presupuesto.

Hay varias técnicas de impresión. La más tradicional, elegante y cara es la impresión en grabado en cobre con relieve.

Salvador Enrique Lacroix
Norma Laguna Orduña

Heriberto Rodríguez Piña
Hilda A. Torres Filippini

Participan el matrimonio de

Julieta y Alejandro

invitandole a la ceremonia que se llevará acabo el domingo 18 de junio a las 13 horas en Penélope No. 7 col. Lomas de Axomiatla

Ciudad de México, Junio de 1995

Con una calidad que se acerca mucho a la de un grabado, están las impresiones en serigrafía, cuyo precio es mucho más bajo.

Las participaciones suelen también ir simplemente impresas, sin relieve.

Algo mucho más económico, pero que puede quedar muy decoroso si se escoge el papel adecuado, es una impresión en láser.

Se recomienda imprimir 10 % más de participaciones por si se tiene que hacer invitaciones de última hora.

La participación más tradicional suele ser un papel grueso de buena calidad doblado a la mitad.

En la parte exterior se acostumbra poner las iniciales del novio y la novia, al igual que en el sobre.

Antonio López Cano
Elvira Saldivar de López

Federico Díaz Mirón
Elisa Cobarrubias Torres

participan el próximo enlace matrimonial de su hijo Pedro López Saldivar con la señorita Amparo Díaz Cobarrubias y se complacen en invitarlo a la ceremonia que se celebrara el 12 de mayo a las 13 horas en la iglesia del Espíritu Santo, en Coyoacan.

En la hoja interior del lado izquierdo, los padres del novio participan el enlace de su hijo.

En el lado derecho hacen lo propio los padres de la novia.

Hay dos formas tradicionales de hacer la redacción:

Antonio López Cano
Elvira Saldivar de López

participan el próximo enlace de su hijo Pedro con la señorita Amparo Díaz Cobarrubias y se complacen en invitarlo a la ceremonia que se celebrará el 12 de mayo a las 13:00 horas en la iglesia del Espíritu Santo, en Coyoacán.

Federico Díaz Mirón
Elisa Covarrubias Torres

participan el próximo enlace de su hija Amparo con el señor Pedro López Saldivar y se complacen en invitarlo a la ceremonia que se celebrará el 12 de mayo a las 13:00 horas en la iglesia del Espíritu Santo, en Coyoacán.

Antonio López Cano   Federico Díaz Mirón
Elvira Saldívar de López   Elisa Covarrubias Torres

participan a usted el próximo enlace de sus
hijos

Pedro y Amparo

y se complacen en invitarlo a la ceremonia
que se celebrará el 10 de Junio a las 13:00
horas en la iglesia del Espíritu Santo, en
Coyoacán.

Cuando uno de los padres es viudo o se ha divorciado, entonces solamente él participa el enlace.

En algunas ocasiones son
los novios y no los
padres los que hacen la
participación.

Pedro López Saldívar
Amparo Díaz Covarrubias

participan a usted su enlace
matrimonial que tendrá lugar el
15 de Julio a las 19:00 horas
en la Parroquia de la Purísima
Concepción. Morelia, mayo de
1999.

Jorge Martínez Sarmiento
Alejandra Mendizábal Paz

César Domínguez Tejada
María del Carmen Vázquez Cué

se complacen en participar el próximo enlace
de sus hijos

Pablo y Sofía

y tienen el gusto de invitarlo a la ceremonia religiosa que se celebrará el 10 de Junio a las 13:00 horas en la iglesia del Espíritu Santo, en Coyoacán, impartiendo la bendición nupcial el P.P. Diego Fernando Díaz Gómez.

Cuernavaca, Morelos, Junio de 1.9.9.9
Etiqueta Rigurosa

En algunos casos también se pone el nombre del sacerdote que celebrará el sacramento.

Cuando se trata de bodas muy formales, en la parte inferior se pone la leyenda: "Etiqueta rigurosa".

Se acostumbra que las participaciones vayan acompañadas de unas pequeñas tarjetas en las que se indica el lugar donde será la recepción, aclarando que la invitación es personal. En el extremo inferior derecho se suelen poner las iniciales R.S.V.P., que en francés quiere decir "responda por favor", para que los invitados confirmen su asistencia. Junto se indica el teléfono al que pueden hacerlo. El número de estas tarjetas debe ser igual al número de personas que desee invitar a la recepción, las cuales deberán presentarla a la entrada del salón para poder llevar un control.

Después de la ceremonia religiosa lo esperamos en el Salón los Faisanes, ubicado en Reforma 5, colonia Bellavista.

Personal

R.S.V.P.
1-20-91-80

No habrá recepción

Cuando después de la boda no hay festejo, en cada sobre se debe incluir una pequeña tarjeta con la leyenda "No habrá recepción".

Para las bodas informales no se incluyen tarjetas para la recepción porque a los invitados se les invita personalmente o por teléfono.

En la solapa posterior del sobre de la participación se pone en la parte izquierda la dirección de la novia y en la parte derecha la dirección del novio, para que quienes quieran mandar regalo lo hagan a la dirección de la familia con la que tengan mayor relación.

Cuando es difícil dar con la dirección en donde serán la ceremonia o la recepción, se acostumbra incluir un plano o diagrama muy claro con las indicaciones necesarias para llegar sin contratiempo.

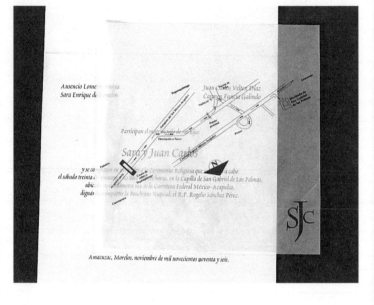

En las imprentas, antes de hacer todas las impresiones o el tiro completo, como le llaman, entregan una prueba o muestra que hay que revisar con mucho cuidado para que todos los datos vayan correctos y no haya erratas o errores de imprenta.

Rotulación

Los sobres de las participaciones, también blancos del mismo tono que las participaciones, deben ir rotulados con letra manuscrita en color negro. Este trabajo lo puede hacer algún conocido que tenga bonita letra o encargarlo a un calígrafo especializado en este tipo de tareas.

En el sobre solamente se escribe el nombre de los invitados, sin su dirección, y en la esquina inferior derecha la leyenda *Presente*. Los nombres se escriben completos, sin abreviaturas. Por ejemplo: Señor Eduardo López y Señora. Para los hijos de la familia López que viven aparte se rotulan otras participaciones.

Repartición

El sobre debe ir abierto, ya que se acostumbra que lo entreguen a mano los propios novios con la ayuda de los familiares o de un servicio de mensajería, unas cuatro a seis semanas antes de la boda.

También se acostumbra sellar los sobres con lacre con un grabado de las iniciales de los novios.

A fin de que las participaciones no se maltraten o ensucien durante el proceso de entrega, conviene que las guarde dentro de una bolsa de plástico transparente.

Solamente las participaciones a las personas que viven fuera de la ciudad se envían por correo, pero siempre dentro de otro sobre cerrado con la dirección y el remitente.

Si se opta por el servicio de mensajería, el sobre con cada participación se mete en otro sobre en el que sí se pone la dirección del invitado, a la vez que se entrega una relación para que firmen de recibido. Conserve usted una copia. Cuando termine la repartición pida al servicio de mensajería que muestre el registro con las firmas de quienes las recibieron.

Conviene que dos semanas antes llame por teléfono a aquellas personas que no hayan confirmado ni negado su asistencia, para que usted pueda estimar el número aproximado de personas que asistirán, aunque hay un cierto número que a pesar de haber confirmado, finalmente, por alguna razón, no pueden asistir.

Si espera invitados de otra ciudad, procure ayudarlos a arreglar su hospedaje.

Regalos

Después de la boda, al regreso de la luna de miel, cuando la pareja se ha instalado, se acostumbra enviar una nota de agradecimiento por los regalos y las atenciones recibidas a la vez que se informa de su nuevo domicilio.

La nota puede ser solamente para comunicar su nuevo domicilio .

> *Andrés Ortiz Alfaro*
> *Julia Pastor de Ortiz*
>
> *agradecemos las atenciones recibidas con motivo de nuestra boda y nos ponemos a sus órdenes en nuestro domicilio, sito en Barcelona 18, Colonia El Chaparral, con teléfono 1324185*

Generalmente se escribe los siguiente:

> *Pedro López Saldivar*
> *Amparo Díaz de López*
>
> *Agradecemos a .... las atenciones recibidas con motivo de nuestra boda, así como el regalo de*
> *..*
> *Asimismo nos ponemos a sus órdenes en nuestro domicilio, sito en Caballocalco 18, Coyoacán, con teléfono 1324185*

Los espacios en blanco se llenan con letra manuscrita con el nombre de las personas a las que se agradece y la descripción del regalo. Por ejemplo: un lindo centro de mesa de cristal. Abajo del texto impreso puede escribirse una nota más personal.

> No se acostumbra entregar los regalos directamente el día de la boda, aunque mucha gente así lo hace. Generalmente se envían a la casa de los padres del novio o de la novia con unos días de anticipación a la boda. El día de la boda es costumbre que todos los regalos se coloquen en una gran mesa para que todos los invitados los puedan admirar.

Mesa de regalos

Desde hace más de cien años se ha venido haciendo cada vez más común inscribirse en una "mesa de regalos" en alguna tienda especializada o en un almacén de departamentos. Esto, que es un servicio gratuito de las tiendas, tiene sus ventajas, pues los novios pueden indicar en la tienda los artículos o géneros de artículos que más necesitan o que más anhelan, señalando objetos de muy diversos precios, para que los invitados puedan escoger su obsequio dentro de su presupuesto. La tienda lleva un control de los regalos, de manera que no se repiten.

Una mesa de regalos es particularmente útil cuando se trata de vajillas, cristalería o cubiertos, pues cada invitado puede regalar solamente un juego individual, sin tener que afrontar toda la vajilla y entre doce parientes y amigos puede lograrse una mesa muy completa. Avise a sus parientes y amigos que se ha inscrito en una tienda para que ellos difundan la noticia.

Despedidas

Los regalos a los novios comienzan con las despedidas de soltera. Éstas son generalmente reuniones de mujeres, en casa de alguna de ellas, para que hagan regalos a la novia, aunque actualmente también los hombres tienen sus despedidas y algunas veces hasta se juntan hombres y mujeres.

Para que las despedidas sean más divertidas se hacen juegos y bromas en torno al casamiento. Los obsequios a los novios en las despedidas son económicos comparados con los regalos formales que los invitados envían.

Generalmente, en cada despedida se escoge un tema para los regalos, que pueden ser artículos para el baño, objetos para la cocina, latería o cosas para la limpieza. En algunos casos varias amigas cooperan para comprar algo más caro. Si la despedida es solamente de mujeres se puede regalar ropa interior.

La persona que ofrece la despedida y la novia elaboran juntas una lista de invitadas de entre las personas que también han sido convidadas a la ceremonia, a menos que la boda sea muy íntima. Las despedidas suelen hacerse entre la familia, entre las amigas y entre las compañeras de trabajo.

Si se hacen varias despedidas, conviene no invitar a las mismas personas, a menos que se les advierta que sólo deben llevar regalo en una de ellas. Al día siguiente de la despedida agradezca el regalo mediante una llamada telefónica. En agradecimiento puede usted hacer un pequeño obsequio simbólico a la anfitriona.

Atuendos

Atuendo para la ceremonia civil

Si los novios se van a casar por lo civil y por la iglesia, es posible que se tengan dos ceremonias, en días y lugares diferentes, con ropa distinta; aunque también suelen hacerse las dos ceremonias el mismo día, la civil antes de la religiosa, con lo que solamente se tiene una recepción y solamente se usa un atuendo.

También ocurre que los novios solamente se casen por lo civil, en cuyo caso sólo hay una ceremonia y un atuendo. Si la ceremonia civil es muy formal, la misma indumentaria que aquí se menciona para la boda religiosa se acostumbra en la civil.

Pero si la boda civil se realiza días antes que la religiosa y se tiene alguna recepción, entonces la ropa de los novios y los padrinos puede ser diferente.

Una boda en un juzgado de paz se lleva a cabo generalmente durante el día y los novios acuden con ropa elegante de calle.

Sin embargo, es común que la boda civil se realice en la noche o tarde en la casa de alguno de los novios. La novia suele ir elegante. Puede ir en un vestido de calle, de coctel o largo, con pequeño corsage o un ramillete, sin velo.

El novio suele ir vestido con traje oscuro y en la noche puede optar por un smoking. Los testigos o padrinos suelen llevar una indumentaria semejante a la de los novios.

Atuendo para la ceremonia religiosa

Atuendo o ajuar de la novia

Sin duda lo más emocionante para la novia es escoger el vestido que lucirá el día de su boda. Es probablemente el atuendo más vistoso que llevará en su vida y quedará como recuerdo en las fotografías. Nada de los preparativos de la boda se compara con el entusiasmo que produce elegir el vestido.

Para escogerlo es necesario saber la hora en la que se efectuará la boda, si el lugar es abierto o cerrado y con qué presupuesto se cuenta.

El atuendo depende de la formalidad de la boda y tradicionalmente incluye: el vestido, el velo, el tocado, la ropa interior, medias, zapatos, algunas alhajas, el ramo y un rosario o un misal. Se usa también algo viejo, algo nuevo, algo prestado y algo azul.

Estilos

En las bodas clásicas muy elegantes el vestido es largo con el velo completo y cola. De noche puede ser muy bordado y de preferencia con manga larga. Durante el día es preferible la manga corta y un bordado muy sencillo.

Si es una boda formal puede llevar medio velo, que suele ser corto.

Cuando la boda es informal o íntima puede usar un vestido de novia muy sencillo o bien un vestido de coctel o de calle, pero muy elegante.

La moda de las novias cambia, como cambia toda la moda, de manera que para estar actualizada lo mejor es informarse de lo que se usa ahora, revisando las revistas recientes de modas y de novias.

Vestido y tipo de cuerpo

Escoja un vestido que favorezca a su tipo de cuerpo. Si es de hombros angostos, busto pequeño y cadera ancha, le convienen vestidos de mangas anchas que llamen la atención, escotes en V y talle a la cadera para alargar el torso, con falda amplia y larga, de modo que se establezca un balance entre la parte de arriba del cuerpo y la cadera. Evite los vestidos rectos y pegados, los adornos exagerados en la falda y las mangas pequeñas y estrechas.

Si tiene cadera y busto pequeño con una cintura poco diferenciada, hay necesidad de un vestido que le de volúmenes, con cuellos amplios, generosos, para destacar sus hombros y el busto, con la parte superior a base de pliegues y plisados que den volumen y faldas amplias, redondas, con velos y mucha tela. Evite los vestidos rectos pegados al cuerpo.

Si tiene un cuerpo proporcionado con el busto y la cadera del mismo tamaño y una cintura bien definida, le quedará casi todo tipo de vestidos.

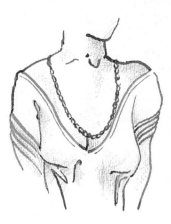

Cuando se tiene un cuello corto conviene usar un cuello sin adornos con escote pronunciado que descubra el pecho y los hombros. Conviene llevar collares largos y aretes pequeños.

En cambio, cuando se tiene un cuello largo conviene usar gargantillas, aretes largos y ondulantes y escotes altos y anchos.

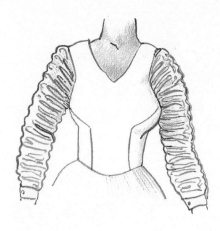

Si sus brazos son gruesos debe usar vestidos con mangas estrechas. Puede usarse un escote que deje descubiertos el cuello y los hombros, pero que cubra la parte superior de los brazos.

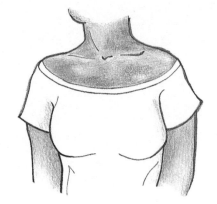

Si los brazos son delgados es mejor usar mangas bombachas o con detalles que llamen la atención.

Si se tiene una cintura ancha es mejor usar vestidos con adornos o detalles no muy recargados en la parte superior, con una falda ondulada para disimular la poca cintura.

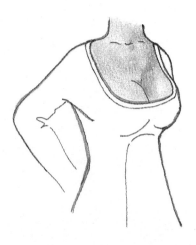

Cuando se tiene un busto grande es conveniente usar un soporte de varillas, escote pronunciado y un vestido poco ajustado, sin adornos en el pecho.

Si se tiene un busto pequeño es mejor escoger un vestido con adornos en la parte superior del frente, con mangas que llamen la atención y si se quiere, un brasier con relleno, para curvear mejor el cuerpo, sin exagerar.

Si se es de poca estatura conviene un vestido liso y sencillo en línea A, angosto de arriba y que se amplíe conforme va cayendo, para que no la corten a la mitad, además de que un modelo así dará la ilusión de más altura, particularmente si usa un tocado alto.

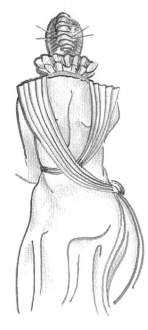

Pero si es muy alta es mejor usar faldas con mucho volumen y gran vuelo, para cortar la verticalidad. Es mejor poner los tocados en la nuca o a los lados de la cabeza.

Si se tienen caderas anchas es mejor una falda voluminosa que las disimule.

Cuando se es gordita lo mejor es un vestido de caída libre con falda de escaso vuelo, sin telas recargadas ni brillosas.

En cambio, cuando se es muy delgada puede resultar mejor un vestido con olanes o drapeados que no se pegue demasiado al cuerpo, porque de lo que se trata es de aumentar visiblemente su volumen.

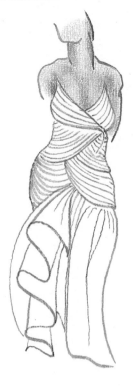

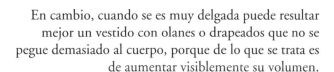

Si se tiene el vientre un poco saliente es mejor una falda amplia para disimularlo o, si prefiere un vestido recto, elija uno en que la falda salga por debajo de la cintura.

Compra o hechura del vestido

Antes de tomar la decisión del vestido busque muchas alternativas. Hágalo con unos seis meses de anticipación. Anote los precios, las ventajas y las desventajas de cada una de las opciones y después decida la que más le convenga.

El vestido lo puede comprar ya hecho en una tienda de modas. Allí los especialistas en novias le sugerirán lo mejor para su tipo de cuerpo y al traje elegido le harán los ajustes que requiera probándoselo cuantas veces sea necesario, hasta que le quede perfecto. Ellos también le podrán hacer sugerencias sobre cómo arreglar su pelo y maquillar su cara.

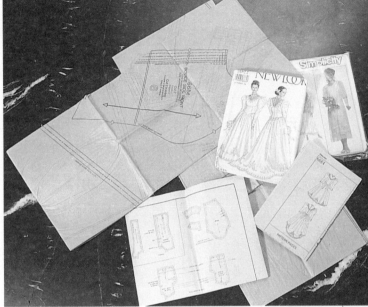

Una alternativa considerablemente más barata es mandarlo hacer con una modista, copiando el modelo que más le haya gustado de las revistas, patrones y fotografías de novias que haya revisado.

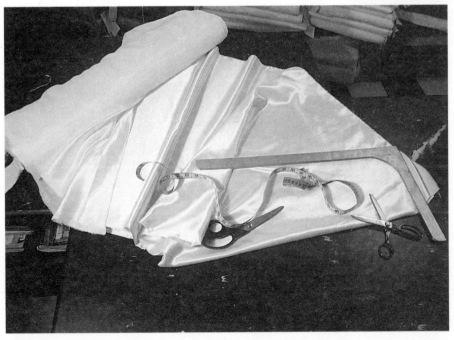

Algo todavía más barato es hacer el vestido con una costurera o algún pariente que cosa bien. Como esto tiene sus riesgos, particularmente que se eche a perder la tela, lo que se recomienda es que se haga un vestido de prueba con una sábana vieja o una tela económica y cuando quede bien, después de los ajustes necesarios se copia en la tela definitiva.

Algo relativamente común cuando se trata de ahorrar es adaptar y personalizar el vestido de novia de la hermana o la prima, además de que es frecuente que se use el vestido que fue de la mamá. Si va a ajustar el tamaño de un vestido prestado, habrá que retornarlo exactamente como se lo prestaron. Recuerde que una vez rearreglado hay que mandarlo a la tintorería antes de devolverlo.

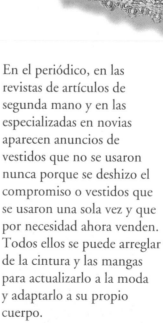

En el periódico, en las revistas de artículos de segunda mano y en las especializadas en novias aparecen anuncios de vestidos que no se usaron nunca porque se deshizo el compromiso o vestidos que se usaron una sola vez y que por necesidad ahora venden. Todos ellos se puede arreglar de la cintura y las mangas para actualizarlo a la moda y adaptarlo a su propio cuerpo.

Telas

Existen muchos tonos de blanco, como el blanco hueso, el blanco marfil, el blanco salmón, etcétera. En los vestidos de novia rara vez se usa el blanco. Escoja aquel tono que mejor le vaya a su piel.

En la confección de los vestidos de novias se usan telas transparentes, sedosas o lustrosas. Entre las telas transparentes las más usadas son el chiffon, la seda china, crespón de seda, organza, el velo y el organdí.

El **chiffon** es una tela muy ligera, poco tupida, transparente, acresponada, de seda o de nylon.

El **crespón** de seda es una especie de gasa muy ligera en la que la urdimbre está más retorcida que la trama.

La **organza** es una especie de velo de seda que se usa frecuentemente como fondo o forro de vestidos con telas suaves.

El **velo** es una tela transparente con un tejido muy regular, ya sea seda natural o artificial.

El **organdí** es una muselina delgada de algodón, lino o seda, poco tupida y con apresto suave.

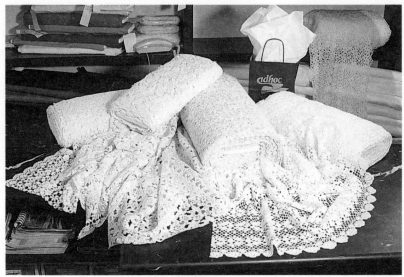

Las telas sedosas y lustrosas están hechas con fibras de seda natural o fibras sintéticas que se ven como la seda, tales como el **poliéster**, el **nylon**, el rayón y el **acetato**.

Este grupo de telas incluye el **crepé de China**, que se hace de seda natural o artificial. Es una clase de crespón en que los hilos de la urdimbre y de la trama, por estar muy retorcidos. producen en la tela terminada un aspecto de enchinado.

El **satín**, **satén** o **raso** es una tela de seda artificial o natural suave, con una textura brillante por el derecho y mate por el revés.

El **satín crepé** es una tela que combina una cara brillante y otra mate y las dos se pueden usar.

La **falla** es una tela tupida un poco tiesa, a menudo tornasolada, originalmente de seda natural, pero ahora también de seda artificial.

El **tisú** o **lamé** es una tela de seda entretejida con hilos de oro y plata.

La **tafeta** es una tela fina y tupida, brillante, algo tiesa, crujiente, de seda natural o artificial.

La **tafeta con moaré** es una tafeta que se ha pasado a través de unos rodillos calientes para dejar unas marcas como de agua en su textura.

El **brocado** va del ligero al pesado, con dibujos en relieve. Algunas veces los brocados tienen hilos metálicos.

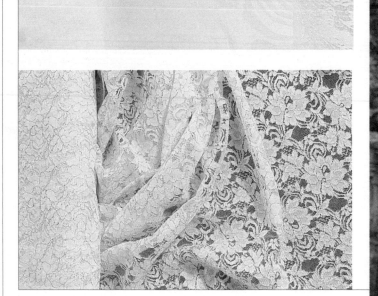

El **shantung** es una tela de seda cruda con textura irregular.

Encajes

Además de las telas antes mencionadas, en la hechura de los vestidos de novia se usan muchos encajes y bordados. Los más usados son los **encajes de Alenson**, que tienen motivos delineados con hilo satinado sobre una base transparente. El **encaje de Chantilly** tiene delicados motivos florales trabajados sobre un fondo muy ligero, delineados con hilos de seda.

El **encaje de pelo de ángel** es una forma de encaje de Chantilly hecho con un hilo flojo para tener una textura más suave.

El **encaje de Venecia** está hecho con hilos pesados y puntadas únicas que le dan una textura tridimensional, más de un bordado que de un calado. Un hilo delgado une los motivos entre sí.

El **punto de espíritu** es una red abierta o un tul fino con pequeños puntos bordados.

Piqué es una tela de algodón o poliéster y algodón que tiene unos dibujos o diseños calados y bordados.

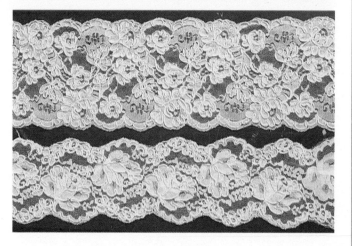

El **encaje Schiffli** es una tela transparente bordada con una máquina Schiffli que imita las puntadas del bordado.

Velo y tocado

Es importante que el velo y el tocado combinen con el vestido. El velo puede ser largo, mediano o corto y es conveniente que se adapte a su rostro y peinado.

Joyería

Las novias deben llevar pocas joyas, generalmente sólo unos aretes y un collar de perlas. Algunas veces suelen llevar un brazalete y algún anillo.

Medias

Las medias suelen ser blancas, beige o color carne y es conveniente pedir a una de las madrinas que le lleve un par de repuesto por si se le llegan a romper.

Guantes

Los guantes son optativos, según el estilo del vestido. Al igual que los velos, los guantes pueden ser largos, medianos o cortos. En ocasiones se usan guantes con las puntas de los dedos libres.

Zapatos

Los zapatos de novia son blancos, del mismo tono que el vestido, y en ocasiones van forrados con la misma tela. Es muy importante que antes de la boda los use para hormarlos y que sus pies se acostumbren a ellos, pero cuide de no ensuciarlos.

*Algo viejo,
algo nuevo,
algo azul...*

Por tradición en el atuendo de novia se usa algo nuevo y algo viejo que simbolizan el paso del viejo estado de soltería al nuevo estado conyugal. Algo prestado significa la aprobación y participación de la comunidad y algo azul, generalmente un liga en la media, se considera un símbolo de pureza, amor y fidelidad.

Peinado y maquillaje

Para el día de la boda se acostumbra contratar a una estilista y a una maquillista, o bien, se acude al salón de belleza. Es conveniente ensayar el peinado y el maquillaje una o dos semanas antes para que usted esté segura de que le gusta lo que le hacen y que haya armonía con el tocado. Unos días antes hágase manicure y pedicure.

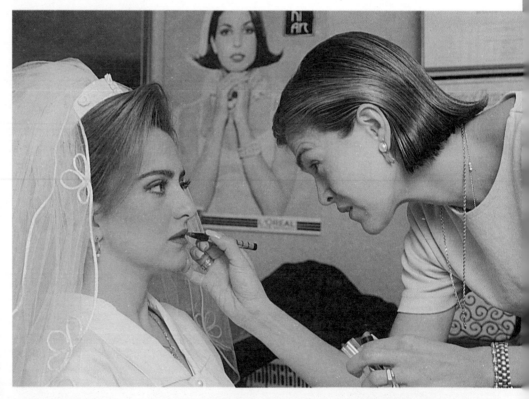

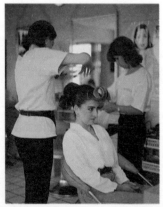

Trate de no subir de peso antes de que llzegue la boda para que el vestido le quede muy bien y procure no broncearse en los días anteriores porque se puede resecar su piel.

Atuendo del novio

En una boda clásica muy formal el novio debe vestir de jaqué, si es durante el día, y de frac si es durante la noche. El atuendo completo lleva una camisa de etiqueta con botonadura y mancuernas especiales, faja y corbata.

Si la boda es formal, el novio lleva smoking durante la noche o traje oscuro durante el día.

En una boda semiformal o informal basta un traje oscuro.

Cualquiera que sea el estilo de la boda o la hora del día, el novio debe llevar un ramillete de azahar en la solapa.

El traje para el novio puede ser mandado hacer con un sastre, comprado en una tienda especializada o bien alquilado en una casa especializada en el alquiler de ropa de etiqueta.

Padres, madrinas, damas, niñas y pajes

La madrina o madrinas y las damas, si las hay, deben llevar vestidos que armonicen con el estilo del vestido de la novia, todas ellas con tonos parecidos y colores conservadores y agradables, para lograr una armonía. En primavera se usan tonos tenues y en invierno tonos más vivos. Cuanto más sencillos sean sus vestidos, más elegante lucirá la boda. Cada madrina lleva un vestido diferente, en tanto que las damas deben usan un vestido igual que combine con el estilo de la boda.

Aunque la novia tiene la decisión final, conviene que escuche las opiniones que tienen las madrinas y las damas sobre el vestido que usarán, ya que ellas mismas lo pagarán.

Para la madre y para la suegra se recomiendan colores conservadores como el azul, el verde seco, champaña, gris y rosa. Conviene que la madre de la novia y la del novio se pongan de acuerdo en lo que vestirán y nunca deben acudir con un vestido ni más largo, ni más elegante que el de la novia.

Las niñas que participen en el cortejo deben vestir de blanco con adornos de algún color tenue y flores y listones en el pelo.

Los niños o pajes suelen llevar un traje blanco.

Anillos y arras

Es necesario que los novios manden hacer y grabar sus anillos o alianzas con tiempo suficiente. En el interior de cada aro se graban las iniciales de cada uno de los esposos y la fecha de la boda.

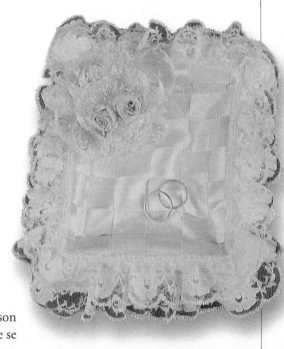

Tanto los anillos como las arras por costumbre son entregados por las madrinas sobre un cojincito que se puede comprar o mandar hacer.

Flores

Las bodas están entre las ceremonias que más flores emplean: en la boda civil la novia suele llevar un corsage o ramillete pequeño colgado del vestido;en la iglesia lleva el ramo de novia y otro más que arroja a las jóvenes solteras al término del banquete;en su cabello lleva el tocado generalmente de flores frescas. El novio lleva en la solapa un pequeño ramillete de azhares.

Cada una de las damas lleva en las manos un ramillete y las niñas las llevan en sus canastas y en el pelo.

Hasta el automóvil nupcial lleva uno o varios arreglos con flores y listones.

Además, la iglesia se decora con flores en la entrada, en el altar, en las ventanas, en las bancas y en el camino a la nave central.

El lugar de la recepción también se decora con flores. En cada mesa se pone un arreglo como centro, pero también se adornan las puertas, las escaleras, los arcos, el pastel y hasta el cuchillo para cortarlo.

Algunas veces los ramos y tocados para la novia, las damas y las niñas se contratan con la misma casa que hace los vestidos.

En ocasiones a las damas que se registran en el libro de invitados se les obsequia un pequeño ramillete.

Igualmente, los arreglos florales de la iglesia pueden quedar incluidos al contratar el templo. Y los arreglos florales de la recepción pueden realizarlos quienes proporcionan el banquete.

Sin embargo, otras veces se contratan aparte, con una casa de floristas especializada en este tipo de eventos.

Si no sabe de ninguna florería, pregunte a sus amistades y busque en el directorio telefónico. Pida presupuestos a varios y compare. Hay desde las que hacen arreglos muy elegantes y estilizados, con flores exóticas e importadas, hasta aquellas que hacen arreglos sencillos, con flores de temporada que resultan mucho más baratos.

Los floristas deben tener muestras de arreglos realizados para bodas anteriores, de manera que usted puede elegir el tipo de arreglo que más le agrade y las flores que más le complazcan.

Las flores que se usan con más frecuencia son:

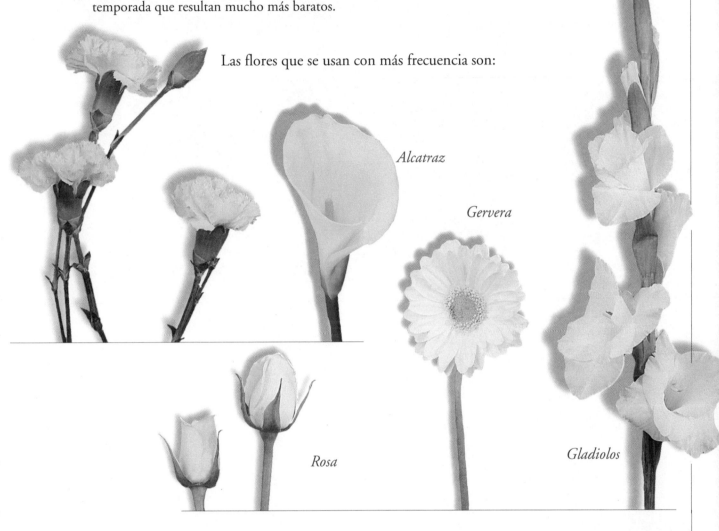

Alcatraz

Gervera

Rosa

Gladiolos

Margaritón

Iris

Azucena

En vez de mandar hacer los arreglos con una florería puede comprar las flores en el mercado con unos días de anticipación y con un poco de imaginación y ayuda podrá usted preparar sus arreglos con un ahorro considerable. La mayoría de las flores duran frescas poco más de una semana. En un manual de esta misma colección dedicado a los arreglos florales, encontrará usted sugerencias de cómo hacerlos uno mismo.

Los recipientes para los arreglos también los puede comprar en las florerías del mercado, al igual que las bases para los ramos de la novia y las damas, y para los adornos del auto nupcial.

Los ramos y los ramilletes se hacen con un día de anticipación y se refrigeran.

Tanto para hacer los arreglos como para decorar la iglesia y el lugar de la recepción necesitará algunos ayudantes. Procure hacerlo desde el día anterior. Puede usted optar por llevar los arreglos ya hechos o llevar las flores y prepararlos allí mismo.

Otra forma de hacer los arreglos es con flores artificiales, ya sea de seda o de papel.

Si la novia es alta se recomienda un ramo largo, y uno corto si no lo es.

Si la iglesia tiene un techo alto, como suele ser, use flores con tallos largos.

En las mesas de la recepción los arreglos suelen ser bajos para no tapar la vista de los comensales.

Si la boda es de noche lucirán más las flores blancas; si es de día, particularmente en el exterior, resultará mejor emplear flores de colores.

Música

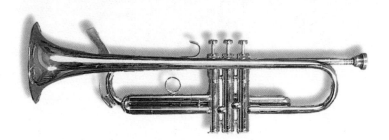

En una boda no puede faltar la música. Se necesita para la ceremonia, tanto para la procesión con la marcha nupcial, como en la misa. Una selección cuidadosa de la música para la ceremonia le puede dar un realce memorable. La diferencia entre una recepción aburrida y una alegre, divertida e inolvidable, puede ser una acertada elección del acompañamiento musical.

Música en la iglesia

Muchas veces las iglesias tienen sus propios músicos. Averigüe dónde se ubicarán y el tipo de instalaciones que tiene la iglesia. Escúchelos semanas antes de decidir. Si se decide por los músicos de la iglesia, pregúnteles qué música pueden interpretar y cuáles son sus ideas. Póngase de acuerdo con ellos.

Si prefiere otro grupo musical o había usted pensado en algo diferente, platique con el párroco para ver qué es lo que finalmente se puede hacer, porque algunas parroquias tienen restricciones en torno a la clase de música que se puede tocar, mientras que otras son muy liberales en ese sentido.

Puede contratar un cuarteto de cuerdas, un organista, un arpista, un solista, un dúo, una estudiantina, un coro o hasta un mariachi, pero escúchelos antes de tomar la decisión. Con un presupuesto muy reducido es mejor contratar la música grabada, con la ventaja de que contará con muy buenos ejecutantes, si es que el templo o quien contrate tiene un buen equipo de sonido.

Familiarícese con las piezas tradicionales para las bodas. El acompañamiento musical de la boda en la iglesia se suele dividir en cuatro partes: preludio, procesión, ceremonia y salida.

Preludio,

Procesión,

Ceremonia,

Salida

Los preludios se tocan desde que comienzan a llegar los invitados hasta un poco antes de que la madre de la novia haga su entrada; en ese momento entra la marcha nupcial. Los preludios más escuchados en las bodas son: *Airoso* de Bach, *Larghetto* de Handel y *Adagio* de Liszt.

La *Marcha nupcial* de Mendelssohn se toca durante la procesión a través de la nave hasta llegar al altar, en que se detiene, para dar lugar a la ceremonia. Algunas otras alternativas musicales para la procesión son el *Aria en fa mayor* de Handel y la *Marcha en Si* de Purcell.

Durante la ceremonia se acostumbra tocar el *Ave María* de H. Schubert y muchas otras piezas de corte romántico, como *El amor perfecto* de Barnby o *Te amo* de Grieg y la *Marcha Real Española*, aunque en algunas bodas se utiliza música más moderna, como la balada romántica.

Durante la salida se tocan la *Danza Rusa* de Tchaikovsky, la *Toccata de la Quinta Sinfonía* de Widor o *Pompa y Circunstancia* de Elgar.

Música en la recepción

La música es fundamental para ambientar la recepción. De ella depende que la gente baile y esté más contenta. Por eso para la recepción se contratan conjuntos que tocan principalmente música moderna, alegre y bailable. Muchos de estos grupos tienen cantantes y ejecutantes que son verdaderos animadores y hasta maestros de ceremonias.

Aquí las alternativas de estilo son más amplias. Puede ser desde un pianista que toque música sencilla y elegante, un trío, un cuarteto, un conjunto jarocho, un mariachi, un grupo musical completo o un conjunto de rock.

Una de las alternativas económicas es contratar música grabada. Hay personas que rentan excelentes equipos de sonido con grabaciones profesionales entre las que puede seleccionar las piezas que guste.

La alternativa gratuita es contar con algún familiar o amigo con un buen equipo de sonido y con una buena dotación de casetes en los que se hayan grabado previamente las melodías que deseen escuchar en la recepción. Al inicio de uno de los casetes se incluye la melodía que vayan a bailar los novios.

Antes de contratar la música escuche alguna grabación de los ejecutantes para formarse una idea. Pregunte cómo se vestirán y si es posible que le muestren fotos de su indumentaria. Asegúrese de que sean puntuales y de que tengan experiencia en animar bodas, y además de que sus referencias sean recientes.

En el lugar de la recepción tome en cuenta el lugar donde se ubicarán los músicos. Ellos requieren por lo menos una hora para instalar su equipo.

Con anticipación elija el sitio para la pista de baile.

La música comienza desde que llegan los invitados, pero al entrar los novios se toca la marcha nupcial.

Luego, durante la comida o la cena se toca música tranquila y romántica, cada vez más alegre. Al llegar el momento en que los novios van a bailar tocan la pieza que ellos hayan seleccionado para tal momento, y después continúan con piezas para bailar, que prosiguen después del brindis, para que todos los invitados participen, aun cuando los novios ya hayan partido.

Fotografía y video

En las bodas se acostumbra tomar dos tipos de testimonios fotográficos. Lo que se pudiera llamar la fotografía oficial de la boda, que hace un fotógrafo especializado en novios, que luego se coloca en un marco para exhibirse en la sala de los novios y probablemente en la de los padres y algún otro familiar.

El otro es un recuerdo fotográfico de las ceremonias y la recepción, más informal que la fotografía oficial, y que luego se guarda en un álbum para compartir primero con los amigos y familiares y posteriormente con los hijos.

Adicionalmente, a estos dos recuerdos se suma el del video, que consiste en la filmación de los momentos culminantes de la boda, grabados con el sonido original y que constituye un recuerdo mucho más vivo de todos los acontecimientos.

Hay empresas que se encargan de todos los servicios, tales como la fotografía oficial, las fotos de recuerdo para el álbum y el video.

Otras veces se contrata por un lado la fotografía oficial y por otro el recuerdo fotográfico y de video.

Fotografía oficial

Si no tiene en mente un fotógrafo para este recuerdo, consulte con sus amistades, fíjese en los retratos oficiales de personas cercanas que se hayan casado hace poco. Busque también en el directorio. Haga citas para conocer el estudio y el trabajo de cada uno de los que le resulten atractivos de primera intención.

Asegúrese de que sea puntual y de que tenga experiencia en bodas y que sus referencias sean recientes. Cuando vea el trabajo de cada uno notará que cada fotógrafo tiene su estilo particular.

Aunque un fotógrafo se debe juzgar por el resultado final, es decir, las fotografías que ha tomado, también es importante que simpatice con él para que en el momento de hacer las fotos, los novios, y en particular la novia, se sientan más a gusto.

Pregunte cuántas fotografías finales incluyen y de qué tamaño, y cuánto le cuestan las copias adicionales o de diferentes tamaños. Las fotografías pueden tener diversos acabados y ser en color, en blanco y negro o en sepia.

Anote las ideas de las fotografías que le gustaría tener y discútalas con el fotógrafo.

Tradicionalmente las fotos se hacen unas dos horas antes de la boda, ya sea en el estudio del fotógrafo, en algún jardín o en la casa de la novia. Incluyen retratos de la novia y el novio tanto juntos como separados, en diversos ángulos y acercamientos. Sin embargo, también se pueden hacer entre el final de la ceremonia y el comienzo de la recepción, dando tiempo a que todos los invitados lleguen primero. Esto tiene el inconveniente de que el traje de los novios puede tener arroz o pétalos de rosa y el maquillaje, tocado y peinado de la novia se han lastimado un poco.

Fotografía del recuerdo

El video y el registro fotográfico de la boda se hacen directamente en la iglesia y en la recepción con la luz ambiente o con la ayuda de algunas lámparas pequeñas. Comienza con la llegada de la novia, la procesión, la misa y el casamiento, y la salida de la iglesia, en cuya puerta se acostumbra que los novios se retraten con los integrantes del cortejo y con los parientes y amigos más allegados.

El resto de las fotografías se hacen durante la recepción, con tomas tanto de los novios como de sus invitados, de modo que se conserva un bello recuerdo de todos quienes los acompañaron ese día.

Al contratar las grabaciones en video pregunte si el costo incluye la grabación original, la edición y cuántas copias.

Una opción para ahorrar dinero es pedir a los invitados que saquen fotos de la boda. Ellos pueden captar cosas interesantes.

Publicación en periódico

A muchas personas les agrada publicar su boda en las secciones de sociales de los periódicos. Hay dos caminos para ello. Uno es acudir en persona a los diarios para hablar con el encargado de la sección de sociales y decirle que tal día en tal parte se casan y que les encantaría que hicieran una reseña.

Otro camino, es llevar al periódico, después de la boda, una fotografía de los novios y un pequeño texto con los datos que les interesaría que se publicaran. La mayoría de las veces la inclusión de la boda en el diario será gratuita, pero puede resultar que no, por lo que siempre es conveniente preguntar el costo del servicio.

Boda civil

La boda civil es la que da validez legal a un matrimonio. La lleva a cabo el juez del Registro Civil.

El trámite para la boda civil comienza al pedir en la Oficina del Registro Civil que corresponda al domicilio de uno de los novios, una solicitud de matrimonio que los novios deben llenar.

Además de este documento, los novios deben anexar sus respectivas actas de nacimiento certificadas, cartilla militar del novio, una constancia de examen médico prematrimonial, que tiene una vigencia máxima de 15 días, comprobante de domicilio de cada uno de los novios y una identificación con fotocopia. Si alguno de los novios es extranjero, necesita previamente un permiso de la Secretaría de Gobernación.

También es necesario que el día de la boda civil cada uno de los novios lleve dos testigos como mínimo, los cuales deben dar sus datos generales y llevar una identificación.

Existen dos regímenes de matrimonio: en sociedad conyugal y de separación de bienes.

Lo boda civil se puede realizar en la misma oficina del Registro Civil o puede hacerse en alguna casa particular, para lo que previamente se ponen de acuerdo con el juez, quien cobrará una cuota especial por ese servicio.

Cuando la boda civil se celebra en casa particular, generalmente se hace también una recepción. Si además de la boda civil se tendrá una boda religiosa, se acostumbra que la recepción sea más pequeña. Al terminar la ceremonia se hace un brindis con algún vino espumoso que puede ser champaña o sidra, y luego generalmente se sirven bocadillos, para evitar una cena formal.

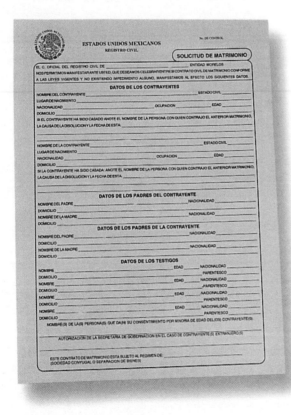

Al término de la boda civil el juez entrega una boleta o constancia que días después podrá ser canjeada por el acta respectiva, o bien entrega el acta.

Boda religiosa católica

La boda en una iglesia católica es la más frecuente en México. Generalmente se hace en la parroquia a la que alguno de los novios pertenece. Si se quiere hacer en otra iglesia se pide permiso al párroco.

Selección del templo

Al escoger la iglesia tome en cuenta la cercanía que conviene que haya con el lugar donde será la recepción, para evitar que sus invitados se tengan que desplazar muy lejos en medio de un tráfico pesado.

En algunas iglesias los párrocos y sus gentes se encargan de los arreglos florales, pues habitualmente tienen varias ceremonias en un mismo día y no habría tiempo de cambiar flores en cada una. También hay templos que se encargan de la música pero, aunque resulta muy práctico, puede no coincidir con lo que usted quiere.

Cuando se decida por una iglesia, hable con el párroco o con el sacerdote encargado de ella, exprésele su deseo de casarse allí y pregunte si está libre la fecha escogida y cuánto será el costo de la ceremonia; si está de acuerdo, haga la reservación. Esto conviene hacerlo con seis meses de anticipación.

Al contratar los servicios de la iglesia póngase de acuerdo sobre la música y los arreglos florales para decorar la iglesia.

Son requisitos para casarse por la iglesia presentar el acta de nacimiento, la fe de bautismo certificada recientemente, boleta de confirmación, pago de los derechos y constancia de asistencia a las prácticas prenupciales. Además de esto es necesario presentar constancia del matrimonio civil, ya sea el acta o la boleta provisional que el juez de paz le entrega en el momento de la boda civil.

Al entrevistarse con el párroco pregunte cuándo son las pláticas prenupciales para que pueda asistir a ellas. Son impartidas por algún sacerdote y generalmente acuden varias parejas.

La parroquia de la iglesia donde se case deberá correr las amonestaciones con un mes y medio o dos de anticipación. Las amonestaciones consisten en hacer público durante la misa mayor los nombres de quienes quieren casarse para que si alguien conoce algún impedimento lo manifieste o denuncie. Algunas de éstas se publican en el boletín de la parroquia.

Posteriormente reúnase con el párroco y los padres de ambos novios para confirmar que no hay nada que impida la boda.

Transporte

La novia, acompañada de su padre, arriba a la ceremonia en un vehículo conducido por otra persona, generalmente adornado con listones blancos y uno o varios ramilletes de flores, con el asiento trasero cubierto por una tela blanca, tanto para ir acorde con la indumentaria de la novia, como para que el vestido de la novia no se ensucie.

Este mismo vehículo se usa a la salida de la iglesia para transportar a los novios ya casados hasta el lugar de la recepción. Después, en otro vehículo sin adornos, el padrino los ha de llevar al lugar de donde deban partir para la luna de miel.

Como vehículo nupcial se puede usar el automóvil propio, pedir uno prestado, rentar una limosina, un automóvil antiguo o una carreta.

La madre y los demás miembros del cortejo deben llegar a la iglesia diez minutos antes que la novia y su padre.

Cortejo nupcial

El cortejo nupcial es el grupo de personas que acompañan a los novios al entrar a la iglesia. El cortejo varía según el estilo de la boda, pero tradicionalmente está integrado por los novios, la madrina o madrinas, el padrino y los padres de los novios. También suelen integrarse al cortejo las damas de honor, los pajecitos y unas niñas con canastas de flores.

La madrina es una persona con la que existe un gran cariño y un vínculo familiar. Ella es quien ayuda a vestirse a la novia, sostiene el ramo durante la ceremonia, entrega los anillos y las arras cuando lo pide el sacerdote y coloca el lazo a los novios en el momento adecuado. Además sirve como testigo de la boda religiosa y se encarga de que todo esté correcto a la entrada de la iglesia. Con frecuencia es quien ayuda a la novia a que se cambie de ropa después de la boda y cuida su atuendo.

En algunas bodas se tienen varias madrinas, una de ramo, otra de arras, una más de anillos y finalmente una de lazo. Es costumbre que las madrinas y las damas se reúnan antes de la ceremonia en la casa de la novia.

Como padrino se escoge a una persona de mucha confianza del novio. Sirve como testigo y auxilia a las madres de los novios durante la ceremonia. Cuando termina la recepción se encarga de transportar o acompañar a los novios a la recepción.

Se acostumbra que las damas sean algunas amigas o las hermanas menores de la novia y el novio, generalmente vestidas igual y llevando un ramillete de flores en las manos.

La procesión del cortejo nupcial comienza en la puerta de la iglesia, donde el sacerdote espera la llegada de los novios para iniciar la misa y luego administrar el s acramento del matrimonio. Él encabeza la caminata hacia el altar.

Niñas

Pajes

Padre de la novia

Novia

Novio

Madre de la novia

Padres del novio

Madrinas

Damas

Sacerdote

La familia de la novia, la madrina y las damas se sientan en las bancas del lado izquierdo. La familia del novio y el padrino del lado derecho. Cuando el padre de la novia está ausente, es el hermano de la novia o algún tío quien se sienta junto a la madre.

Detrás del sacerdote entran las damas seguidas de la madrina o madrinas. Tras ellas ingresan los padres del novio con la madre tomada del brazo derecho del padre. Atrás accede la madre de la novia tomada del brazo derecho del novio. Finalmente, pasa la novia del brazo de su padre o de su padrino. Tras de ellos entran los pajecitos sosteniendo la cola del vestido y las niñas con las canastas de flores. Todo el cortejo se inicia a los compases de la marcha nupcial.

Al llegar al pie del altar, el novio espera a la novia, que le es entregada por el padre con la bella costumbre de darle antes un beso y una bendición. La novia ocupa el lado izquierdo del reclinatorio, y el novio el lado derecho.

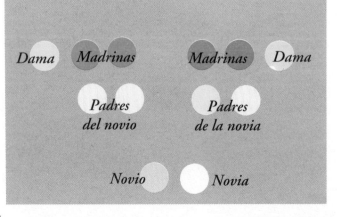

Dama   Madrinas   Madrinas   Dama

Padres del novio   Padres de la novia

Novio   Novia

Celebración del sacramento

Al llegar al altar la novia entrega el ramo a la madrina, quien lo sostiene durante toda la ceremonia.

El ramo de la novia significa fragilidad, pureza y una nueva vida.

El velo que cubre el rostro de la novia durante la procesión y gran parte del acto significa modestia y respeto y sirve para recordar lo sagrado del evento y que la relación física no se puede dar antes de la ceremonia.

Cuando hay varias madrinas, es la madrina de lazo la que cubre a ambos novios con el velo y les coloca el lazo nupcial cuando lo indique el sacerdote.

El lazo sobre los hombros de los novios simboliza la unión en matrimonio y el círculo que forma el lazo representa la continuidad del amor que no muere.

En vez de lazo se puede usar una especie de rosario que forme un ocho.

Los anillos simbolizan las promesas que se hacen los novios al unirse en matrimonio. Se colocan en el dedo llamado anular porque los antiguos griegos pensaban que estaba conectado directamente al corazón por una vena, por lo que resultaba el apropiado para confirmar el enlace. Los anillos son entregados por la madrina sobre un pequeño cojín en el momento en que el sacerdote lo indique.

Las arras son trece monedas que simbolizan el agradecimiento del novio por la dote de la novia y representan el apoyo económico que a partir de ese momento el varón dará a la dama. La madrina las entrega también sobre un pequeño cojín cuando se las soliciten.

Al término del sacramento los novios se dan un beso que simboliza el sello del matrimonio.

Salida del templo

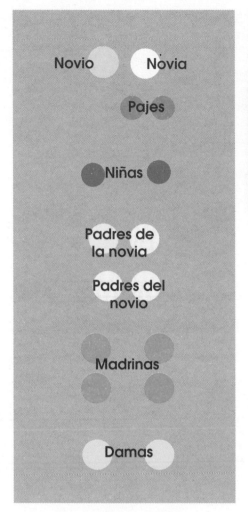

Novio Novia

Pajes

Niñas

Padres de
la novia

Padres del
novio

Madrinas

Damas

*Cuando la ceremonia termina,
tradicionalmente la novia ofrece
su ramo a la virgen y comienza
la procesión de salida.*

Primero salen los novios. La
novia camina lentamente
por el centro de la nave
mientras sonríe. Atrás van
los pajecitos sosteniendo la
cola del vestido y las niñas
con las canastas de flores.
Tras ellos marchan los
padres de la novia, los del
novio, las madrinas, las
damas y los invitados.

Los novios se detienen por un momento en la puerta de la iglesia para que les
tomen fotografías.

Las niñas de entre seis y ocho años reparten arroz a los invitados
para que los arrojen a los novios como símbolo de fertilidad. En años recientes
los pétalos de flores se han convertido en una alternativa que simboliza
belleza, felicidad y prosperidad.

*Después de recibir en el
atrio las felicitaciones y los
abrazos de los invitados, los
novios suben al vehículo
nupcial que los llevará al
lugar donde sea la
recepción. También se
acostumbra pasar antes a
que un fotógrafo
profesional les haga las
fotografías oficiales de la
boda.*

Recepción

La boda estaría incompleta sin una fiesta, sin una recepción que es la forma de festejar el matrimonio. En ella se ofrece comida, bebida y música.

La recepción es quizá la parte más costosa de una boda, de modo que hay que tener mucho cuidado en la elección de la manera de llevarla a cabo. Como es una fiesta en la que se reúnen los familiares y amigos de dos familias, más los amigos de los novios, muchas veces resulta demasiada gente para recibir en una casa, de ahí que se busque un salón.

Recepción en un salón

Primero investigue los costos de los salones y de los servicios de banquetes. Las mayoría de ellos incluyen las instalaciones, mesas, sillas, mantelería, cubiertos, cristalería, menús con diferentes platillos, meseros, servicio de estacionamiento y conocimientos profesionales.

Si no sabe ya de alguno de estos servicios pida que le recomienden algunos, busque en el directorio de teléfonos y haga citas. Visite los salones, asegúrese de que estén bien las instalaciones para la música, que tenga baños limpios, amplios y lugar para estacionamiento.

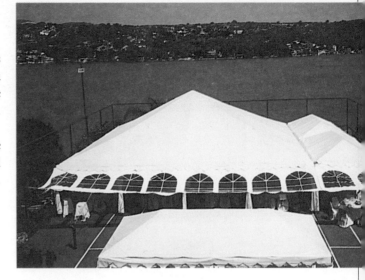

Pida que le muestren los menús, las vajillas y los manteles. Usted puede contratar con ellos una comida o cena formal, un buffet o bocadillos. Pida que le coticen varias alternativas de cada uno de ellos.

Si la recepción es al aire libre es posible que requiera colocar una lona o una carpa por si llueve.

Tome el tiempo que sea necesario, solicite presupuestos detallados y no tome una decisión precipitada. Recuerde que un menú con platillos de alta cocina y vinos franceses puede resultar igual de encantadora y memorable para usted y sus invitados que una con mole, arroz, frijoles y vinos nacionales y el agujero en el bolsillo será muy diferente.

Si se decide por este tipo de servicio lleve un control de la bebida entregando las botellas de licores y vinos contadas y pida que le devuelvan tanto las vacías como las que no se utilizaron.

Recepción en casa

Hacer una recepción en un jardín puede resultar muy bello y más barato. Hacerla en casa también es una solución práctica. Si su casa es pequeña, pida prestada una mayor a un pariente o a un amigo cercano.

Allí también puede usted contratar con un servicio de banquetes que le haga todo, prepararlo usted con su familia o combinar una cosa y otra.

Si su presupuesto es bajo puede hacer la comida o la cena con la ayuda de parientes. Claro que es más trabajo, pero piense en la alegría de la fiesta con todos sus seres queridos juntos, que es lo que importa.

Los alimentos se pueden preparar con días, semanas y hasta meses de anticipación si se congelan. Para guardar todo en congelador necesitará la ayuda de sus parientes y amigos.

Rente o pida prestadas mesas, sillas, cubiertos, vajilla, vasos y copas. Decore las mesas con manteles blancos con un pequeño centro de flores. De noche use unos candeleros. Necesitará platones grandes para servir la comida.

Contrate meseros para que sirvan las bebidas y la comida. Es mucho trabajo, pero se puede organizar muy bien.

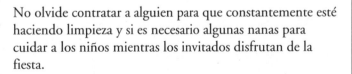

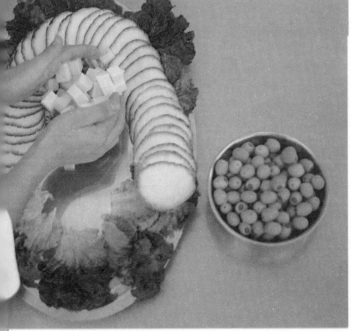

No olvide contratar a alguien para que constantemente esté haciendo limpieza y si es necesario algunas nanas para cuidar a los niños mientras los invitados disfrutan de la fiesta.

Un buffet, en el que todos los platones con comida se colocan sobre una o varias mesas para que los invitados pasen a llenar su plato ellos mismos, no es tan formal, pero no se tienen que servir las mesas.

Además, una mesa de buffet se presta para un arreglo muy bello con flores de colores, flores de papel, papeles, velas y frutas. Puede usted tener un banquete que a la vez sea un deleite para la vista.

Decoración

Independientemente de la forma de su recepción, el lugar se debe decorar para que tenga una atmósfera especial. Es una parte creativa y divertida de la preparación de la boda. Use plantas, flores, luces, globos, papel picado, guirnaldas, listones, velas, candelabros...

La decoración debe estar acorde con el vestido de la novia y tener una unidad estilística que puede ser primaveral, otoñal, mexicana, etcétera, dependiendo de su gusto, el clima, el lugar y la hora del día.

Baile

Después de comer, pero antes de servir el pastel, se acostumbra que los novios inicien el baile con la melodía que ellos hayan escogido. No es necesario que la pareja baile toda la pieza, pues el padre de la novia los puede interrumpir, en tanto que el novio saca a su madre; enseguida bailan con la novia los hermanos, primos y amigos íntimos. Luego el novio con su suegra, la novia con su suegro, al tiempo que el resto del cortejo nupcial los acompaña en la danza.

Pastel

Seleccione el tipo de pastel que más le agrade. Visite varias pastelerías, pruebe el sabor y pida presupuesto. El pastelero le sugerirá el mejor tamaño según el número de invitados. Mándelo hacer con seis semanas de anticipación y asegúrese de que es el propio pastelero quien lo entrega, para que si se maltrata en el camino lo pueda arreglar.

Los pasteles pueden ser de varios pisos, en forma de corazón, redondos, cuadrados o rectangulares. Los hay muy secos, muy cremosos, con relleno o sin él, de chocolate, vainilla, moca, limón, durazno, etcétera. Se acostumbra que estén cubiertos con betún blanco, adornados con flores y listones, y ya sea las figuras de los novios en azúcar, un cupido, campanas u otro ornamento.

Se dice que el pastel simboliza las relaciones que se fundan al compartir el pan. Por eso los novios cortan juntos la primera rebanada. Ella toma el cuchillo y el novio pone su mano sobre la de ella. Sirven la rebanada en un plato y la novia toma el primer bocado y le ofrece al novio el segundo, como símbolo de que compartirán la vida juntos. Después los meseros se encargan de servir a los invitados.

El pastel se coloca generalmente en una mesa central con tamaño suficiente para que quepan además el cuchillo y unos platos para servirlo.

Brindis y despedida

Después del pastel, cuando todos los invitados están sentados, se ofrece champaña o vino blanco espumoso, y algún pariente o amigo suele pronunciar un pequeño discurso dirigido a los recién casados. Luego todos brindan a la salud de los novios, que permanecen sentados. En ocasiones se acostumbra poner a los novios, copas especiales.

Antes de abandonar la fiesta los novios forman un puente tomados de la mano para que las muchachas solteras pasen por abajo mientras se escucha la música que repentinamente para y la novia arroja un ramo, para que lo atrape alguna de ellas, suponiendo que será la próxima en casarse.

Los bolos o recuerdos se reparten a los invitados durante la recepción. Usualmente son pequeños objetos con los nombres de los novios grabados aunque una opción más económica puede ser regalar confituras de chocolate..

Para que los invitados puedan dejar un testimonio más de su presencia y un bonito recuerdo se acostumbra colocar a la entrada o antes de la salida, una pequeña mesa con un libro en blanco abierto con una pluma, para que los invitados pongan su nombre y alguna frase de cariño y aliento.

En el momento que lo decidan, los novios abandonan la fiesta para cambiarse de ropa y partir a la luna de miel. Se despiden de los padres, amigos y parientes más cercanos. El padrino es quien los conduce en el vehículo nupcial. En otras ocasiones los novios aparecen en la recepción ya con la ropa con la que se van de viaje, solamente para despedirse.

Luna de miel

Se llama luna de miel porque en tiempos antiguos las parejas teutonas se casaban durante la luna llena y tomaban vino de miel por treinta días. Pero ahora simplemente significa el viaje de placer que los recién casados emprenden inmediatamente después de la boda.

Generalmente se trata de salir unos cuantos días a algún lugar de playa. Haga una lista de los lugares a donde le gustaría viajar de luna de miel. Luego, en una agencia de viajes consulte los costos o hágalo directamente. Anote los precios del transporte, los hoteles, la alimentación y estudie los paquetes que incluyen prácticamente todo.

En los viajes, como en todo lo demás, puede encontrar toda clase de precios. Si los destinos de playa están más allá de su presupuesto, busque otras alternativas, como visitar ciudades coloniales o balnearios más cercanos y menos costosos.

Antes de salir de luna de miel y casi antes de salir a la boda se debe revisar que todo esté empacado. No olvide llevar su bolsa de mano con dinero, boletos, reservaciones, tarjetas de crédito, la dirección del hotel, el número de teléfono del agente de viajes y una cámara con película. Tampoco olvide llevar lo que le haya recomendado el médico para la planeación familiar.

Calendario
y
lista de actividades

Enseguida ponemos una lista de las principales actividades que hay que realizar para preparar una boda.

Entre seis y doce meses antes

Cena para la petición de mano.

Decisión de la fecha y hora de la boda.

Inicio del presupuesto, particularmente para saber con cuánto se cuenta.

Decisión del lugar donde serán la ceremonia y la recepción.

Reservación de la iglesia y el lugar de la recepción.

Plática con el clérigo sobre los detalles de la boda y las pláticas premaritales.

Plática con el juez de paz para preparar el matrimonio civil.

Comienzo de la lista de invitados.

Búsqueda del modelo para el traje de la novia, la madrina y las damas.

Investigación de costos de los vestidos.

Investigación de los servicios de banquete.

Si se planea la recepción en casa, iniciar los arreglos, la decoración y la limpieza.

Búsqueda de un buen fotógrafo para la fotografía oficial.

Investigación de costos de los arreglos florales.

Búsqueda de músicos o grabaciones para la ceremonia y la recepción.

Selección del transporte nupcial.

Investigación de costos de los viajes de luna de miel

Elección del traje del novio, de las madres y de los padres de los novios.

Compra o inicio de la hechura del vestido.

Inscripción en una tienda de departamentos para la mesa de regalos.

Entre seis y tres meses antes

Lista definitiva de invitados.

Selección de la papelería e impresión de las invitaciones.

Rotulación de las invitaciones.

Contratación del servicio de banquete.

Selección de la música para la ceremonia y la recepción.

Contratación de los músicos.

Planeación de los detalles para la luna de miel y reservaciones. Si es necesario, reservación en algún hotel cercano al lugar de la recepción para la noche de bodas.

Selección de la ropa para la luna de miel.

Visitas a la modista para las pruebas de su vestido.

Ordenar la hechura de los anillos.

Elección de los padrinos y testigos.

Dos meses antes

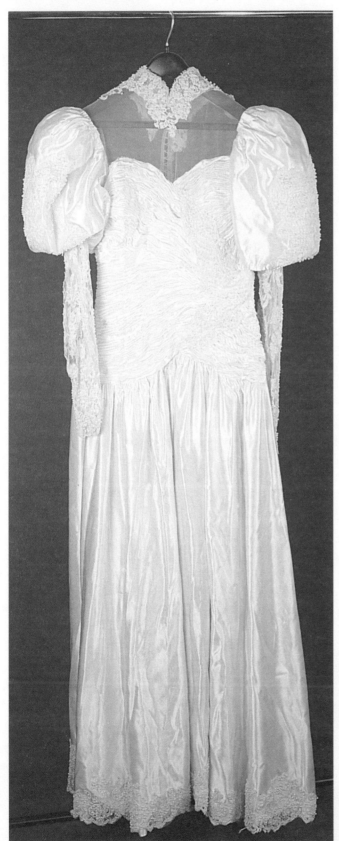

Confirmación de la fecha de entrega del traje de novia.

Inicio del reparto de las invitaciones.

Control de la invitaciones enviadas, los regalos recibidos y los agradecimientos.

Inicio del arreglo de su nuevo hogar.

Elección de las fechas para las despedidas de soltera.

Preparación de los documentos para la boda civil.

Cita con el médico para un examen completo y consulta sobre planeación familiar.

Definición de los detalles para la recepción: comida, bebida, decoración, pastel, libro de invitados.

Contratación del fotógrafo.

Un mes antes

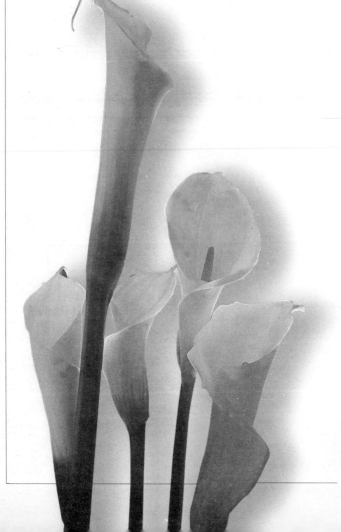

Tener todos sus documentos en orden.

Entrevista con personal del periódico si se quiere que anuncien su boda.

Prueba final del vestido.

Contratación del florista

Búsqueda de acomodo para los invitados que vienen de fuera.

Prueba del maquillaje y el peinado que usara el día de la boda.

Verificación de que todos los del cortejo tengan su atuendo listo.

Pedido del pastel.

Contratación del transporte para la boda.

Repaso del procedimiento de la ceremonia y la recepción.

Definición de los lugares que ocuparán los integrantes del cortejo.

Confirmación de todos los servicios.

Plática con el clérigo para la presentación en la iglesia y las amonestaciones.

Dos semanas antes

Llevar los documentos al registro civil y llenar la solicitud para el matrimonio.

Visita a la oficina de la iglesia para verificar que estén todos los requisitos.

Inclusión de los invitados que tardaron en confirmar para saber el número final.

Entrevista con los músicos para verificar que tengan las piezas sugeridas.

Arreglo de la mesa de regalos.

Conversación con la sección de sociales del diario que prefiera.

Arreglo del transporte de los regalos a su nueva casa.

Una semana antes

Tener a la mano el pasaporte y documentos para el viaje.

Manicure y pedicure.

Empaque para la luna de miel.

Colocación en un lugar de todo lo que necesitará para vestirse el día de la boda y para salir a su luna de miel.

Confirmación de que el carro nupcial y el conductor estarán a la hora adecuada.

Confirmación de que el padrino los acompañe en el carro nupcial al salir de la recepción.

Indicación a la madrina de que ella avisará a los padres cuando los novios se van para despedirse.

Programa de las actividades de todos los involucrados en la boda.

Confirmación una vez más de la florista, del fotógrafo, etcétera.

Preparación de un estuche de emergencia con alfileres, aguja, hilo, pañuelos desechables, medias, lápiz labial, para que la madrina lo lleve a la iglesia y a la recepción.

Un día antes

Comprobación de que su equipaje está completo.

Arreglo de su bolsa de mano con todos los documentos.

Verificación de que sean llevados el vino, los licores y el pastel al lugar de la recepción.

Elaboración de un horario para el día de la boda, que se coloca a la vista.

Entrega a la madrina o madrinas de los anillos, las arras y el lazo.

Solicite que al día siguiente alguien le ayude a peinarse, maquillarse y vestirse.

Descanso.

El día de la boda

Pedir a alguien que se encargue de poner una sábana blanca en el transporte y una caja de pañuelos desechables.

Pida a sus padres que le ayuden con lo demás.

Disfrute el día de la boda.